L'ACTION COLLECTIVE

POUR

L'ABAISSEMENT DES TARIFS DOUANIERS

par

RICHARD RIEDL

Brochure No. 70

Extrait de

L'ÉCONOMIE INTERNATIONALE (Avril 1929)

Revue Trimestrielle

publiée par la

CHAMBRE DE COMMERCE INTERNATIONALE

38, COURS ALBERT-Ier

PARIS (VIIIe)

CHAMBRE DE COMMERCE INTERNATIONALE

38, Cours Albert 1er — Paris (VIIIᵉ)

Adresse télégraphique :
Incomerc, Paris 86.

Téléphone :
Elysées 62-42=62-56=94-77

Président :
Dott. Alberto PIRELLI

Président-Fondateur :
Etienne CLÉMENTEL

Présidents Honoraires :
Sir Alan G. ANDERSON, K.B.E., Willis H. BOOTH

Vice-Présidents :

Sir Arthur BALFOUR, K.B.E., J.P.
Julius H. BARNES
Maurice DESPRET

René DUCHEMIN
Boguslaw HERSÉ
Junnosuke INOUYE
Franz VON MENDELSSOHN

Carlos PRAST
K. A. WALLENBERG
W. WESTERMAN

Trésorier :
Louis MANHEIM

Secrétaire Général :
Edouard DOLLÉANS

Trésorier-Adjoint :
J. E. McCULLOCH

CONSEIL :

Allemagne. — *Membres :* Abr. FROWEIN, Dr. L. RAVENÉ, Dr. h. c. Louis HAGEN. — *Suppléants :* Dr. e. h. Paul REUSCH, F. H. WITTHOEFFT, Dr. Wilhelm CUNO.

Amérique (Etats-Unis d'). — *Membres :* John H. FAHEY, Silas H. STRAWN, Owen D. YOUNG. — *Suppléants :* William BUTTERWORTH, Robert E. OLDS, Henry M. ROBINSON.

Australie. — *Membres :* The Hon. Sir Frederick W. YOUNG, John SANDERSON.

Autriche. — *Membre :* Dr. Paul HAMMERSCHLAG. — *Suppléants :* S. E. R. RIEDL, Dr. Ludwig URBAN.

Belgique. — *Membres :* Louis CANON-LEGRAND, Alexandre DE GROOTE, William THYS. — *Suppléants :* Alfred DE BROUCKÈRE, Baron Edouard EMPAIN, Joseph MARCOTTY.

Danemark. — *Membres :* Benny DESSAU, Dr. Ernst MEYER. — *Suppléants .* Christian CLOOS, Ch. OVERGAARD.

Espagne. — *Membres :* D. Bartolomé AMENGUAL, D. Julio GUILLEN SAENZ. — *Suppléants :* D. José Maria GONZALEZ, D. Marco COSTALÈS.

Finlande. — *Membre :* Dr. J. K. PAASIKIVI.

France. — *Membres :* Jules GODET, Robert MASSON, Eugène SCHNEIDER. — *Suppléants :* André BAUDET, Etienne FOUGÈRE, Henri DE PEYERIMHOFF DE FONTENELLE.

Grande-Bretagne. — *Membres :* Sir Algernon F. FIRTH, Bart., D. L., Sir Felix SCHUSTER, Bart., Sir Gilbert C. VYLE, Kt. — *Suppléants :* Sir J. SANDEMAN ALLEN, Kt., M.P., Sir Stanley MACHIN, J.P., R. T. NUGENT.

Grèce. — *Membre :* A. S. METAXAS. — *Suppléant :* G. NICOLAÏDÈS.

Hongrie. — *Membre :* S. E. Alexandre POPOVICS. — *Suppléant :* Arthur BELATINY.

Inde. — *Membres :* D. P. KHAITAN, D. S. ERULKAR, N. M. MUZUMDAR. — *Suppléants :* KASTURBHAI LALBHAI, R. K. SHANMUKHAM CHETTY, M. L. A., R. J. UDANI.

Indochine. — *Membre :* A. GARNIER. — *Suppléant :* Henri SAMBUC.

Italie. — *Membres :* On. Gr. Uff. Biagio BORRIELLO, Gr. Uff. Giorgio MYLIUS, On. Gr. Cr. Prof. Dionigi BIANCARDI. — *Suppléants :* Gr. Cr. Avv. Giuseppe BIANCHINI, Gr. Uff. Ing. Raimondo TARGETTI, On. Gr. Uff. Avv. Gino OLIVETTI.

Japon. — *Membres :* Raita FUJIYAMA, Dr. Takuma DAN, Keijiro HORI. — *Suppléants :* Katsutaro INABATA, Kenjiro MATSUMOTO, Akira ISHII.

Luxembourg. — *Membre :*   . — *Suppléant :* Joseph WURTH.

Norvège. — *Membres :* J. BLYDT, C. BANG. — *Suppléants :* Einar EITREM.

Pays-Bas. — *Membres :* H. Rud. DU MOSCH, J. B. VAN DER HOUVEN VAN OORDT, Dr. R. MEES. — *Suppléants :* Albert SPANJAARD, C. E. TER MEULEN, Dr. H. J. KNOTTENBELT.

Pologne. — *Membre :* Comte Ladislas JEZIERSKI. — *Suppléant :* J. C. ADAMSKI.

Roumanie. — *Membre :* Dr. Stefan CERKEZ. — *Suppléant :* George G. ASSAN.

Serbes-Croates-Slovènes (Royaume des). — *Membre :* Vassa U. YOVANOVITCH.

Suède. — *Membres :* J. C. EDSTRÖM, Oscar RYDBECK. — *Suppléants :* Axel EGNELL, Joseph SACHS.

Suisse. — *Membres :* John SYZ, Dr. Alfred GEORG, Robert LA ROCHE. — *Suppléants :* Otto ALDER, René HENTSCH, Edouard TISSOT.

Tchécoslovaquie. — *Membres :* Jaroslav PREISS, Kornel STODOLA. — *Suppléant :* F. HODAC.

L'ACTION COLLECTIVE

POUR

L'ABAISSEMENT DES TARIFS DOUANIERS

par

R ICHARD R IEDL

Brochure No. 70

Extrait de

L'É CONOMIE I NTERNATIONALE (Avril 1929)

Revue Trimestrielle

publiée par la

CHAMBRE DE COMMERCE INTERNATIONALE

38, C OURS A LBERT - I er

PARIS (VIII e)

L'ACTION COLLECTIVE POUR L'ABAISSEMENT
DES TARIFS DOUANIERS

Depuis la Conférence Economique Internationale, l'abaissement des tarifs est de plus en plus le problème capital de la politique commerciale internationale.

La nécessité d'une action collective dirigée dans ce sens a été pour la première fois indiquée par le Comité National Autrichien de la Chambre de Commerce Internationale, dans les rapports qu'il a soumis au Comité de la Politique Commerciale et des Entraves au Commerce, en juin 1926 et en janvier 1927 *.

Dans ces rapports il a étudié en détail les mesures et les méthodes qui pourraient, à son avis, permettre d'atteindre ce but.

Le Comité de la Politique Commerciale et des Entraves au Commerce a recommandé ces propositions, pour une étude ultérieure et avec avis favorable sur le but général visé par elles, à la Conférence Economique Internationale.

Comme on sait, la Conférence Economique Internationale a considéré qu'il résultait nettement de ses travaux que le moment était venu de mettre fin au relèvement continu des tarifs douaniers et de s'orienter dans la direction opposée, et elle a indiqué trois moyens pour arriver à ce résultat :

1) Action individuelle des différents Etats dans les limites de leurs législations autonomes ;

2) Action bilatérale par conclusion de traités de commerce appropriés ;

3) Action collective après enquête ayant pour but de favoriser le développement du commerce international en supprimant ou en réduisant les entraves qui lui sont imposées par des tarifs douaniers exagérément élevés.

Le Conseil de la Societé des Nations fut chargé d'inviter son Organisation économique à examiner, sur la base des principes établis par la Conférence Economique Internationale, les possibilités d'une action ultérieure de cet ordre visant l'abaissement des tarifs.

Le Congrès de Stockholm de la Chambre de Commerce Internationale a adopté ces décisions de la Conférence Economique Internationale et a particulièrement insisté pour que l'action collective préconisée par la Conférence Economique Internationale fût réalisée par

---

*Traités collectifs conclus pour faciliter le commerce international en Europe. — Rapport fait par le Sous-Comité Autrichien au Comité Central de la politique commerciale et des entraves au commerce, — Vienne, juin 1926.

Traité collectif sur la limitation du niveau des tarifs douaniers et la concession réciproque de la clause de la nation la plus favorisée. — Rapport fait au nom du Sous-Comité Autrichien de la politique commerciale et des entraves au commerce, afin de compléter les propositions contenues dans son rapport de juin 1925, — Vienne, janvier 1927.

le plus grand nombre possible d'Etats. Le Congrès chargea le Comité de la Politique commerciale et des Entraves au Commerce de porter tout particulièrement son attention sur les mesures collectives recommandées par la Conférence Economique Internationale comme susceptibles de réaliser ses décisions, et d'élaborer à ces fins des propositions concrètes.

Toutefois, il ne fut pas donné suite à cette décision du Congrès de Stockholm parce que le Comité Economique de la Société des Nations, dans sa session de novembre 1927, avait déjà, conformément aux instructions qu'il avait reçues, commencé à examiner si (et de quelle manière) l'action collective pour l'abaissement des tarifs pouvait être realisée ; le Sous-Comité de la Politique commerciale et des Questions de Douane nommé par la Chambre de Commerce Internationale a cru bon de s'abstenir pour le moment d'un examen qui aurait fait double emploi avec les travaux du Comité Economique, et d'attendre que soient connus les résultats de ces travaux.

En conséquence, la Chambre de Commerce Internationale s'est bornée, dans le mémoire qu'elle a présenté au Comité Consultatif de l'Organisation économique de la Société des Nations (mémoire daté du 25 avril 1928, brochure N° 64), à insister de nouveau sur la grande importance qu'elle attachait à cette question, et à faire observer que, malgré les résolutions de Genève et en dépit d'un grand nombre de déclarations gouvernementales qui les approuvaient, aucune réduction considérable de droits de douane n'avait pu être enregistrée au cours de l'année écoulée et que certains tarifs avaient même subi des relèvements. Dans certains cas, il est vrai, des réductions avaient été faites sur des droits de douane frappant les matières premières, mais seulement pour renforcer la protection accordée á l'industrie qui les employait. La politique commerciale de l'après-guerre tournerait donc dans un cercle vicieux alors que les mesures de protection et de représailles se succèdent les unes aux autres. Chaque fois qu'un pays modifie son tarif avec l'idée de renforcer la protection, un autre pays est évincé d'une partie de ses marchés étrangers et se voit obligé, en conséquence, de renforcer la protection accordée à son marché intérieur en faveur de l'industrie indigène, afin de compenser celle-ci des marchés perdus et dans l'espoir que cette course aux majorations pourra à la longue permettre d'obtenir un abaissement des tarifs étrangers.

Il y aurait donc danger à voir des pays, qui jusqu'à present ont suivi une politique commerciale libérale, se tourner résolument vers le protectionnisme, ce qui présenterait un danger pour l'œuvre tout entière de la Conférence. Il serait en conséquence nécessaire que tous ceux qui désirent et préconisent un retour à une liberté plus grande exercent toute leur influence sur l'opinion publique et les gouvernements de leurs pays respectifs pour arriver à la réalisation des vœux exprimés par la Conférence.

La Chambre de Commerce Internationale suggéra dans son mémoire, à titre de mesure pratique, qu'aucun relèvement de droits de douane n'ait plus lieu et qu'aucune nouvelle mesure protectionniste ne soit prise jusqu'à ce que le Comité économique ait terminé son étude des possibilités d'arriver à un abaissement des tarifs au moyen d'un accord collectif.

Cette proposition, ainsi que l'a prouvé l'expérience, et comme il fallait s'y attendre, n'a eu aucun effet. La vie politique et économique suit son chemin, chaque jour a ses besoins et ses exigences, et il serait vain de chercher à obtenir un temps d'arrêt en faisant appel aux résultats incertains d'études préparatoires au sein de la Société des Nations. Plus que jamais le danger subsiste de voir le cercle vicieux dont parle le mémoire de la Chambre de Commerce Internationale créer des entraves toujours plus lourdes au commerce international avec pour corollaire logique l'implantation artificielle de nouvelles branches d'industrie d'une part, et le ralentissement des vieilles industries d'exportation d'autre part. Il n'existe qu'un seul et unique moyen de mettre un terme à ce développement : accélérer autant que possible les travaux du Comité économique, et les faire appuyer par toutes les corporations compétentes, — et en premier lieu par la Chambre de Commerce Internationale elle-même, — afin qu'après tant de considérations, de discussions et de négociations, l'on se trouve en présence d'une *action* ; qu'une décision soit prise sur la question de savoir si l'action collective, préconisée et reconnue comme nécessaire, est possible ou non ; ou, mieux encore, si la volonté de réaliser l'action collective dans un cercle plus ou moins grand d'Etats existe ; ou enfin s'il faut définitivement abandonner toutes les espérances que l'on avait fondées sur cette action.

On pouvait saluer comme premier essai de réalisation la décision du Comité Economique de la Société des Nations d'appliquer l'action collective à certains groupes de produits.

Au cours des discussions qui accompagnèrent cette décision et qui la suivirent lorsqu'il fallut procéder à sa réalisation, on fit valoir une série d'objections contre le *modus procedendi* choisi, et différentes questions d'ordre méthodologique furent posées. Ces discussions eurent leur écho et leur complément dans les réponses données par les différents Comités nationaux au cours de l'enquête entreprise par la Chambre de Commerce Internationale.

Une analyse complète des opinions exprimées n'a pu encore être faite. Dans les discussions qui ont eu lieu jusqu'à présent, les scrupules et objections qui accompagnaient les réponses affirmatives sous forme de réserves, ou qui servaient de motifs aux réponses négatives, se sont tout naturellement trouvés au premier plan ; de sorte que l'impression a pu jusqu'à un certain point paraître justifiée que les milieux mêmes qui avaient réclamé le plus ardemment l'abaissement des droits de douane allaient les premiers abandonner leurs exigences dès qu'il s'agirait de tenter d'en obtenir la réalisation.

Il ne saurait être indifférent à la Chambre de Commerce Internationale que cette impression puisse être produite. D'autre part, il est indispensable d'examiner le degré de justification des objections présentées ; de les réfuter si elles sont sans fondement ; d'en tenir compte et de profiter de leur enseignement lorsqu'elles signalent des difficultés réelles ou lorsqu'elles révèlent des fautes ou des points faibles du *modus procedendi* choisi. Il paraît necessaire pour cela de procéder á une étude systématique de l'étendue, du but et de la méthode de l'action collective en vue de l'abaissement du niveau des tarifs, grâce à toute la documentation recueillie et aux expériences obtenues par l'action telle qu'elle a été réalisée jusqu'à présent et de se faire une idée précise de ce qui est indispensable, de ce qui peut être atteint et des moyens qui permettront d'atteindre le but envisagé.

ÉTENDUE ET BUT DE L'ACTION.

I. ÉTENDUE TERRITORIALE.

Il y a lieu d'abord de se mettre d'accord sur la question de savoir si l'on veut envisager une solution qui embrasserait le monde entier et faire participer en conséquence à l'action projetée tous les pays de la terre ayant quelque importance au point de vue du commerce mondial, ou si l'on veut se borner à essayer de réaliser d'abord la réduction des tarifs douaniers dans des groupes determinés d'Etats formant des unités géographiques, se rapprochant les uns des autres au point de vue économique et présentant des conditions de production essentielles jusqu'à un certain point semblables.

Certes, une solution mondiale serait à un certain point de vue l'idéal, mais elle n'est pas possible et il faut avoir le courage de le dire au moins pour ceux qui sont partisans de principe et champions de la liberté illimitée du commerce. Cette solution tiendrait aussi compte dans la plus large mesure de l'exigence que l'abaissement des droits de douane, pour être efficace, ne doit pas être limité aux pays exportateurs, mais au contraire étendu aux pays importateurs également.

Il faut avant tout tenir compte de la *volonté absolue des Etats-Unis d'Amérique* de maintenir leur système douanier, qui est considéré à tort ou à raison comme l'une des bases de la prospérité américaine ; de leur volonté ferme d'écarter absolument toute influence étrangère sur la composition des tarifs américains et d'éviter toute obligation conventionnelle de nature à pouvoir limiter la liberté complète de la législation douanière autonome des Etats-Unis.

Mais il est aussi douteux, pour des raisons de fait, que l'on puisse trouver la solution mondiale du problème.

Plus le nombre des Etats qui participent à un accord est grand, plus il est difficile naturellement de trouver une solution qui convienne à tous. Cette difficulté est encore relativement facile à surmonter tant qu'il s'agit de principes généraux, comme par exemple de la question de la liberté du transit ; ou de la réglementation de questions qui se présentent à peu près partout dans les mêmes conditions, comme par exemple les questions de la navigation ou du trafic ferroviaire. Mais plus un accord dépasse les limites de l'établissement de principes généraux, plus il s'attache, dans une large mesure, à la réglementation de questions de détail du commerce international, plus il s'ingère profondément dans la vie économique, et plus fortement les différences de conditions et les divergences d'intérêts se font sentir. Ces divergences peuvent encore être surmontées lorsqu'il s'agit d'Etats constituant une certaine unité géographique, présentant des traits de ressemblance dans la nature même de leur civilisation et de leur structure économique, et ayant des intérêts réciproques puissants. Mais, lorsque cette ressemblance intérieure et ces rapports étroits n'existent pas, l'accord devient extrêmement difficile sinon impossible à établir. Nulle part ces considérations ne s'appliquent mieux qu'à la politique douanière proprement dite, et les difficultés qui s'opposent ici à des solutions d'étendue mondiale deviennent pour ainsi dire impossibles à surmonter.

On devra donc, bon gré, mal gré, se borner à réaliser l'action collective visant l'abaissement des tarifs dans un domaine plus étroit. L'expérience acquise jusqu'ici par la manière dont ont été ratifiés les traités collectifs nous donne des indications précises sur les limites de ce domaine.

Les cinq grandes conventions collectives économiques actuellement en vigueur, savoir : les conventions sur la liberté du transit et sur le régime des voies navigables d'intérêt international (Barcelone, 20. IV. 1921), sur le régime international des voies ferrées et le régime international des ports maritimes (Genève, 9. XII. 1923), et enfin pour la simplification des formalités douanières (Genève, 3. XI. 1923) n'ont été, en Europe, ratifiées sans exception que par les cinq Etats suivants : les trois Etats du Nord (*Suède, Norvège* et *Danemark*), la *Grande-Bretagne* et l'*Autriche*.

Au point de vue de l'application des traités collectifs conclus sous les auspices de la Société des Nations en Europe, ces pays sont, pour ainsi dire, les Etats modèles.

L'*Allemagne*, la *Suisse*, les *Pays-Bas* et la *Belgique* ont ratifié tous ces traités collectifs, à l'exception du seul traité sur les voies navigables. Les trois premiers Etats n'ont pas participé au traité ; la Belgique l'a bien signé, mais jusqu'à présent, elle a omis de le ratifier.

De même, la Roumanie a refusé de signer le traité sur le régime international des ports ; la Grèce a refusé de ratifier le traité sur le régime international des voies ferrées. Ces deux Etats ont cependant ratifié les quatre autres traités.

La France, l'Italie, la Tchécoslovaquie, la Hongrie, la Bulgarie et la Finlande peuvent encore, jusqu'à un certain point, être classées comme Etats favorables aux traités. Elles ont ratifié trois sur cinq des traités collectifs, savoir : les traités sur la liberté du transit, sur le régime international des voies navigables et le traité pour la simplification des formalités douanières ; elles n'ont fait que signer les deux autres (régime des voies ferrées et des ports maritimes).

Il paraît donc exister en Europe un *groupe d'Etats*, capable de réaliser des actions collectives et qui comprend les trois Etats scandinaves, la Grande-Bretagne, les Bays-Bas, la Belgique, l'Allemagne, la Suisse, l'Autriche et auquel on peut, sous certaines réserves, incorporer la France, l'Italie, la Tchécoslovaquie, et plus à l'Est la Finlande, la Hongrie, la Roumanie, la Bulgarie et la Grèce.

Un contraste frappant forment avec ce groupe d'Etats favorables aux traités les deux Etats de la péninsule ibérique (l'*Espagne* et le *Portugal*), la *Yougoslavie* et la *Lithuanie* qui paraissent avoir pris le parti de signer tous les traités auxquels ils sont invités à participer et de n'en ratifier aucun. Il en est presque de même pour la *Lettonie* et l'*Esthonie* qui n'ont ratifié que le seul traité collectif sur la liberté du transit et se sont bornées à signer les autres traités collectifs sans parler de ceux auxquels elles sont demeurées tout à fait étrangères. La *Pologne* n'a ratifié que les traités sur la liberté du transit et le trafic international par voie ferrée ; quant à tous les autres, elle s'est bornée à les signer.

La participation aux traités collectifs économiques des *Etats d'outre-mer* est extrêmement irrégulière.

Les *Etats-Unis d'Amérique* non seulement n'ont ratifié aucun des traités collectifs en vigueur, mais ils n'en ont même pas signé un seul. Parmi les *Etats de l'Amérique du Sud*, seuls le *Chili*, l'*Uruguay* et le *Panama* ont signé presque tous les traités ; certains traités ont été signés par le *Brésil* (conventions sur le régime des voies ferrées et des ports maritimes, et pour la simplification des formalités douanières), le *Guatemala*, la *Bolivie* et le *Pérou* (conventions sur le régime des voies navigables et la liberté du transit), la *Colombie* (conventions sur le régime des voies navigables et le régime des voies ferrées), le *Salvador* (convention sur le régime des ports maritimes) et le *Paraguay* (simplification des formalités douanières). Mais jusqu'à présent l'on ne peut enregistrer que *deux* cas de ratification : ratification, par le *Chili*, des traités sur la liberté du transit et sur le régime des voies navigables. A cette exception près, aucun des traités auxquels avaient cependant toujours collaboré leurs représentants n'a été ratifié par un seul Etat américain.

Parmi les Dominions anglais, le *Canada* a suivi l'exemple des Etats-Unis d'Amérique et est resté étranger à tous les traités collectifs. L'*Union Sud-Africaine* n'a signé et ratifié que la seule convention pour la simplification des formalités douanières. L'*Australie* a de plus ratifié la convention sur le régime des ports maritimes. Par contre, la *Nouvelle-Zélande* a signé et ratifié les cinq traités collectifs. Il en est de même pour les *Indes*. La Grande-Bretagne a en outre signifié l'adhésion d'un grand nombre de ses autres colonies à quatre traités, dont la liste toutefois est loin d'être partout uniforme.

Parmi les Etats indépendants de l'Asie, c'est le *Siam* qui est l'Etat modèle. Il a signé et ratifié les cinq conventions collectives. La convention pour la simplification des formalités douanières a été ratifiée par la *Chine* et la *Perse*. La *Chine* a en outre signé les conventions sur le régime des voies navigables et le régime des voies ferrées, et la *Perse* la convention sur la liberté du transit ; les ratifications de ces traités manquent encore.

Le *Japon* a ratifié les trois conventions relatives à la liberté du transit, le régime international des voies ferrées et le régime des ports maritimes ; il a seulement signé, sans la ratifier jusqu'à présent, la convention pour la simplification des formalités douanières.

Enfin l'*Egypte* et les protectorats français : le *Maroc* et la *Tunisie*, ont ratifié la convention pour la simplification des formalités douanières. Ils n'ont pris aucune part aux quatre autres traités sur le trafic.

L'expérience des traités collectifs montre ainsi qu'il serait vain de fonder de grandes espérances sur l'adhésion éventuelle des pays d'outre-mer à une convention visant l'abaissement collectif de droits de douane. Même en Europe, la limitation des traités collectifs à un groupe déterminé d'Etats est déjà, dans la pratique, un fait accompli. Ce groupe comprend les pays qui forment ce que nous avons appelé plus haut le « groupe d'Etats favorables aux traités », groupe qui s'étend entre les Pyrénées et les Carpathes, l'océan Boréal et la Méditerranée. Il est impossible de négliger cette expérience, et il faudra bon gré mal gré s'imposer cette limitation dans l'espace si l'on a l'intention d'appliquer le système des traités collectifs à la réglementation des questions de politique douanière, domaine dans lequel les difficultés sont beaucoup plus formidables que dans tout autre.

Une autre considération nous fournit des indications dans le même sens. Le morcellement économique et les entraves imposées au commerce par les taux excessifs de droits de douane se font le plus lourdement sentir en Europe. Par contraste avec ce qui s'est passé dans le reste du monde, la guerre a eu ici pour résultat la décomposition des grandes unités économiques que représentaient l'Empire de Russie et la Monarchie Austro-Hongroise. En Europe Centrale seule la longueur des frontières douanières est passée de 11.000 km. à 18.000 km. Des considérations d'ordre politique et militaire ont collaboré avec cette politique commerciale mercantile pour diriger les Etats nouvellement créés dans la voie de la protection douanière à outrance. Naturellement, ce sont les petits Etats qui sont le plus durement atteints par les excès du protectionnisme. Mais ce développement, s'il devait continuer, constituerait un danger même pour les grandes unités économiques qui existent en Europe. Il ne faut pas oublier que « petit » et « grand » sont des conceptions relatives qui souvent varient avec une rapidité déconcertante. Il y a deux cents ans, les Provinces unies, le Danemark et la Suède comptaient encore parmi les grandes puissances européennes. Ils ont perdu cette place parce que leur base géographique était trop étroite pour leur permettre de garder ce rang. Le même sort attend peut-être les grands Etats européens menacés aujourd'hui par des puissances mondiales d'outre-mer et aussi par des Etats géants de l'Orient lorsque leur régénération sera accomplie. La concentration économique, ou disons plus modestement : un rapprochement économique réciproque des Etats européens, constitue la meilleure garantie pour leur avenir.

Une concentration pareille formerait aussi la base en Europe d'une prospérité économique nouvelle. L'application de méthodes économiques modernes fait présumer une extension correspondante de la capacité de consommation du marché intérieur qui permettrait l'application intégrale et assurerait le plein effet de ces méthodes. Le développement ininterrompu des organisations internationales qui unissent entre elles les industries des différents pays est la preuve du besoin ressenti par l'économie de franchir les limites des différents Etats et de rompre un cadre qui menace de devenir trop étroit pour elles. Un groupement des Etats d'Europe sur une base économique serait utile au développement progressif de l'organisation internationale de l'industrie ; ce développement, de son côté, exercerait une influence favorable sur la situation économique de ces Etats.

Il est à peine nécessaire de faire observer que la recommandation d'une solution européenne du problème ne cache aucune pointe hostile dirigée contre les pays extra-européens, et en particulier contre les Etats-Unis d'Amérique. C'est leur propre attitude qui, entre autres, nous force à renoncer aux solutions mondiales et à nous limiter à l'Europe. Nous ne poursuivons d'autre but que de créer pour le développement de l'économie européenne une situation analogue à celle qui, grâce à l'extension de leur domaine économique, existe déjà depuis longtemps aux Etats-Unis ; et nous sommes convaincus que l'accroissement de prospérité qui, nous l'espérons, résultera d'un rapprochement économique entre les Etats européens, augmentera également leur capacité de consommation des produits d'outre-mer, et exercera par répercussion une influence favorable sur la prospérité de l'Amérique.

D'ailleurs, ce rapprochement économique entre les Etats d'Europe constituerait la meilleure garantie de sécurité pour les capitaux américains investis en Europe, et en même temps la meilleure garantie de la paix européenne. S'il existe un moyen de garantir une paix durable, ce moyen consiste certainement à établir l'équilibre entre les intérêts économiques, en favorisant autant que possible leur fusion, et à supprimer tous les points de friction économique qui, dans le passé, ont si souvent donné naissance à des conflits politiques.

Il est indispensable cependant, si l'on veut voir se produire ces effets bienfaisants, si l'on veut que soient assurées une prospérité croissante et une paix durable, que le nombre d'Etats adhérant au bloc économique ne soit pas trop restreint. C'est alors seulement que pourront aussi être écartées les objections d'ordre politique qui ne manqueront certainement pas de surgir de différents côtés. Aucun des Etats participants ne doit avoir l'impression d'être livré isolément à l'arbitraire d'un groupe compact d'adversaires, et la composition même du groupe des Etats contractants doit pouvoir donner à chacun d'eux l'assurance qu'il pourra toujours faire valoir équitablement ses intérêts et que, le cas échéant, il trouverait quelqu'un pour les défendre. Ceci est, pour l'établissement d'une semblable organisation économique fédérative, une condition aussi indispensable que l'est l'analogie naturelle des civilisations et des intérêts nationaux, politiques et économiques pour fonder l'union économique entre deux Etats.

Qu'il soit enfin permis de rappeler que le Commonwealth of Australia et l'Union Sud-Africaine constituent, au point de vue économique, des exemples de concentrations .continentales, et que les Etats-Unis d'Amérique, comme leur nom même l'indique, ne sont ni un seul Etat, ni un seul pays, mais bien une confédération autonome. L'Europe ne ferait que suivre leur exemple si la plupart des Etats qui la composent pouvaient trouver le moyen d'opérer une concentration économique qui ne serait d'abord qu'une alliance économique, mais qui pourrait plus tard devenir une fédération et avoir pour étape finale de son développement l'établissement d'une Union économique. En fin de compte, il serait extrêmement avantageux pour le développement du commerce mondial, dans le sens d'une liberté toujours accrue si les questions d'intérêt commun pouvaient être réglées par des négociations entre les groupes continentaux d'Etats, d'un même ordre de puissance. La suppression des entraves au commerce européen pourrait ainsi préparer pour l'avenir la voie aux solutions mondiales qui, sans cette étape de transition, demeureraient un idéal inaccessible.

II. PORTÉE DE L'ACTION.

Des objections de principe ont été formulées de différents côtés contre l'intention du Comité Economique de faire porter d'abord l'action collective visant l'abaissement du niveau des tarifs sur certains groupes de produits.

On a fait observer tout d'abord qu'une partie des groupes de produits choisis par le Comité Economique ne comprenait que des produits semi-ouvrés et qu'une réduction des droits de douane frappant le produit semi-ouvré, si elle n'était accompagnée d'une réduction correspondante des droits frappant le produit manufacturé fait avec ledit produit semi-ouvré, équivaudrait à une protection renforcée du produit manufacturé.

Une autre objection fondée sur un ordre d'idées analogue fait valoir que dans la plupart des pays les tarifs douaniers sont établis selon un système déterminé, que le niveau des taux y est fixé pour les différents postes sur la base de principes généraux et qu'en conséquence des rapports déterminés par les systèmes des tarifs existent entre les différents droits de douane. Si donc une réduction de droits frappant certaines marchandises ou certains groupes de produits était effectuée par convention collective les systèmes de tarifs et l'uniformité de structure de ces derniers s'en trouveraient affectés d'une manière sensible.

Tous les produits sur lesquels ne porterait pas la réduction de droits de douane et dans la production desquels il serait fait usage de matières premières ou de produits semi-ouvrés tombant sous des postes tarifaires ayant subi une réduction, ou dont le prix de revient est influencé par la charge douanière grevant certains autres produits (par exemple par les taux de droits frappant les machines ou les matériaux de construction, ou encore les denrées alimentaires et articles d'usage général, avec leurs répercussions sur le standard de la vie et le relèvement de salaires des ouvriers), bénéficieraient d'un renforcement plus ou moins important de protection douanière et par conséquent d'une amélioration de leur position sur le marché intérieur, injustifiable en tant que dépendant de la charge douanière qui grevèrent les autres marchandises. Par contre, les groupes de produits dont la protection douanière a été réduite auraient à supporter un double désavantage : désavantage direct dû à cette réduction de protection elle-même, et désavantage indirect du fait que la protection douanière accordée aux autres groupes de produits continue à exister sans changements et à exercer son influence sur le niveau général des prix et sur les salaires et prix de revient.

Ces objections paraissent justifiées jusqu'à un certain point, dans la mesure notamment où les droits de douane, et par conséquent leur réduction, ont une répercussion sur les prix des produits sur le marché intérieur, répercussion qui, comme on le sait, ne se fait pas sentir partout ni toujours de la même manière. En outre, il faut remarquer que l'on peut faire valoir ces objections contre toute réduction conventionnelle de tarifs, même lorsque la convention en vertu de laquelle elle a été faite est bilatérale.

Il n'est pas rare que dans les traités de commerce il soit procédé à des réductions de certains postes tarifaires qui modifient la structure initiale du tarif et les rapports entre les taux de droits de douane prévus dans les différents postes. Si ces modifications sont de nature à apporter le trouble dans l'économie nationale, il est loisible à l'Etat de rétablir l'équilibre indispensable en procédant, par voie de législation autonome, à la réduction des taux prévus dans ceux des postes du tarif pour lesquels cette réduction paraît nécessaire en vue de leurs relations avec les postes modifiés par convention.

Naturellement, l'Etat est libre de procéder ainsi, non seulement lorsqu'il s'agit de réductions de droits effectuées par traité bilatéral mais aussi dans le cas où ces réductions résultent d'un traité collectif. Il est même fort désirable que tel soit toujours le cas, puisque, dans ces conditions, l'effet du traité collectif s'étendrait, tout naturellement et sans contrainte, au delà des groupes de produits spécialement visés par lui, sur les groupes de produits formant l'objet de postes du tarif connexes ; le traité collectif se trouverait être ainsi tout naturellement généralisé. On peut douter toutefois que cet effet se produise dans tous les cas. Il peut arriver souvent qu'il paraisse désirable à certains groupements d'intérêts, et à la politique commerciale officielle sur laquelle ils exercent leur influence, que la différence entre les droits de douane frappant le produit initial et ceux qui frappent le produit fini s'agrandisse, augmentant ainsi l'effet de protection du tarif. Dans ces conditions, l'action entreprise en vue de faciliter le commerce international pourrait bien avoir pour effet de lui imposer de nouvelles entraves.

Une autre objection est fondée sur le fait qu'une réduction collective de droits de douane limitée à certains produits écarte toute possibilité d'obtenir des compensations pour les réductions accordées. Ce n'est que très rarement qu'une compensation peut être trouvée pour le même produit ou pour le même groupe de produits ; la règle générale est au contraire que le besoin de protection et celui d'exportation se font sentir irrégulièrement et d'une façon toute différente dans les diverses branches de l'économie.

Par exemple, un Etat dont l'industrie du fer travaille dans des conditions défavorables, et a en conséquence besoin de protection, ne sera disposé à réduire les taux de son tarif pour le fer que s'il peut obtenir de l'Etat avec lequel il négocie des compensations sous la forme de réductions de droits de douane frappant les produits de quelque autre branche de son économie qui rapporte en abondance, et capable de faire face à la concurrence étrangère, tels par exemple que les fruits de son agriculture ou de son horticulture. Dans la négociation de traités bilatéraux, ce procédé de compensations réciproques constitue la règle. Par contre, un traité collectif en vertu duquel tous les Etats contractants abaisseraient leurs tarifs dans une mesure déterminée ne présenterait pas de possibilités de compensations.

Ce point de vue serait particulièrement important dans les rapports entre pays qui suivent des lignes de développement économique très divergentes, par exemple entre pays industriels et pays agricoles. Le besoin de compensation qui se manifeste dans ces cas ne pourrait être satisfait que si l'action s'étendait sur le tarif tout entier.

Il faut reconnaître que ces considérations sont justes. Mais les objections basées sur ces considérations ne seraient entièrement valables que si l'action collective projetée devait être définitive et se limiter une fois pour toutes à quelques groupes de produits déterminés. Or il n'en est pas ainsi. Le Comité Economique aussi bien que le Comité Consultatif ont en effet déclaré à maintes reprises que l'on ne se bornait provisoirement à des accords spéciaux relatifs à des groupes de produits déterminés, qu'en vue d'étudier le problème à l'aide d'essais pratiques et de recueillir ainsi les expériences nécessaires pour permettre de le résoudre plus tard dans son ensemble.

L'expérience a déjà démontré la nécessité et l'utilité de ce mode de procéder. Il faut, avant d'entreprendre une action comprenant l'ensemble des tarifs, se faire une idée précise des moyens dont on dispose pour arriver au but. Or, dans un problème aussi compliqué et aussi difficile, cette idée précise ne peut être obtenue qu'à l'aide d'expériences pratiques. C'est seulement lorsqu'on tente sérieusement de telles expériences que l'on peut amener les intéressés à formuler sur elles des objections. Il faut connaître ces objections si l'on veut pouvoir soit les réfuter, soit les prendre en considération. Vouloir procéder à une action d'ensemble sans préparation consciencieuse et sans l'expérience nécessaire serait exposer cette action à un échec en la discréditant avant même qu'elle ait été amorcée. Pour des actions de détail limitées à un certain nombre de groupes de produits, ce danger est beaucoup moins grand. Dans ces conditions, les difficultés qu'auraient à surmonter ces actions de détail pourraient servir à convaincre qu'il est indispensable d'étendre l'action sur tout l'ensemble des tarifs.

Il y aura lieu, il est vrai, de procéder avec la plus grande prudence dans les négociations de conventions ayant pour objet la réduction des droits de douane frappant seulement une catégorie déterminée de produits. Il faudra se demander dans chaque cas particulier s'il convient de poursuivre l'action jusqu'à la conclusion d'une convention formelle ou jusqu'à la convocation, à cet effet, d'une conférence spéciale, ou s'il est préférable de se limiter à la discussion de la question au sein du Comité Economique de la Société des Nations ou peut-être d'une Conférence d'Experts composée de spécialistes de la politique commerciale et d'industriels. Une décision devra être prise chaque fois conformément aux caractères que présentera chaque cas particulier, et rien n'empêchera de faire aboutir une action particulière si un succès paraît pouvoir être obtenu, quitte à reprendre plus tard l'action générale sur la base de l'expérience acquise. Une action particulière ne devra jamais être qu'un essai, elle ne devra avoir tout au plus pour objet que de créer un régime provisoire. Le but qu'elle doit poursuivre et préparer doit être une action collective s'étendant sur les tarifs dans leur ensemble ; autrement les objections susmentionnées seraient entièrement valables.

III. BUT DE L'ACTION.

Après avoir essayé de résoudre la question de l'étendue territoriale de l'action que nous avons envisagée, c'est-à-dire des Etats dont on peut attendre une participation à l'action, et après avoir examiné la question de savoir si elle devait porter sur l'ensemble de tarifs ou sur certains groupes de produits seulement, il nous reste encore à discuter le but que devrait poursuivre cette action collective.

Il est évident que le but à atteindre ne saurait être le passage d'un protectionnisme poussé à l'extrême à la liberté complète du commerce, qui y est opposée. Ce but pourrait paraître séduisant à certaines personnes ; il est néanmoins impossible à atteindre.

Ce but est tout aussi impossible à atteindre lorsqu'on a en vue la solution mondiale du problème que lorsqu'on se propose de poursuivre des buts plus rapprochés et plus accessibles ; par exemple, l'établissement de la liberté du commerce en Europe ou même dans un groupe plus ou moins important d'Etats européens. Poursuivre ce but équivaut à vouloir créer une Union douanière européenne. Or l'Union est difficile à créer, même entre deux pays seulement, sans recourir à des étapes intermédiaires qui facilitent la transition et l'adaptation progressive de l'économie aux conditions nouvelles, et il est d'autant moins vraisemblable qu'un plus grand nombre d'Etats puissent réaliser entre eux sans transition la liberté complète du commerce.

Il ne reste de but possible à atteindre que le rapprochement économique réciproque, que la recherche des moyens les plus aptes à faciliter les échanges et à réduire autant que possible le niveau des tarifs douaniers ; ceci n'exclut d'ailleurs naturellement pas la possibilité de pousser cette réduction jusqu'à l'abolition complète des droits de douane pour certains produits, et il serait extrêmement désirable que ce résultat pût être obtenu dans le plus grand nombre possible de cas.

La question se pose dès lors de savoir si l'abaissement du niveau des tarifs douaniers entre Etats participant à l'action doit avoir pour résultat que les droits de douane frappant le même produit soient mis à un seul et même niveau dans tous les Etats signataires de la convention. Dans ce cas, le but poursuivi ne serait plus l'abaissement mais l'unification des tarifs douaniers.

Un pareil procédé a ceci de dangereux, qu'il pourrait inciter les Etats dont les taux tarifaires étaient jusqu'alors inférieurs au nouveau taux uniforme à adopter ce dernier ; l'action entreprise en vue d'abaisser le niveau des tarifs pourrait ainsi avoir pour résultat, dans certains cas, des relèvements de tarifs.

D'autre part, si les Etats contractants devaient s'engager à renoncer à tout relèvement et à maintenir l'ancien niveau de leurs tarifs, il serait créé pour chacun d'eux un cas d'exception qui les mettrait une fois pour toutes en état d'infériorité par rapport aux Etats qui, en poursuivant leurs buts protectionnistes, auraient, antérieurement au traité, perçu des droits de douane plus élevés, et qui en conséquence jouiraient du taux uniforme créé par le traité.

Une pareille disposition ne serait pas seulement injuste ; elle deviendrait aussi inacceptable pour les pays qui en seraient atteints à un moment difficile à prévoir ; c'est que le désir pratique de parer à un changement de situation économique par des mesures tarifaires pourrait, à un moment donné, venir s'ajouter au désir de voir rétablir formellement une situation d'égalité. Il est impossible de *punir*, pour ainsi dire, un pays qui s'est distingué par sa politique douanière libérale, en lui imposant par traité et une fois pour toutes l'obligation de conserver ses taux de tarif plus faibles tout en accordant à tous les autres pays le bénéfice d'un taux tarifaire uniforme plus élevé.

Dans ces cas spéciaux, qui ne peuvent se présenter que dans quelques pays isolés, la création d'un tarif uniforme aurait des conséquences impossibles.

Ce procédé priverait les droits de douane de tout caractère économique et les réduirait à des taxes n'ayant plus qu'un caractère purement fiscal. Les produits acquitteraient, à chaque passage de frontière, en quelque sens qu'il ait lieu, les mêmes droits de douane, tout comme s'il s'agissait de droits de péage. Or il est évident que des droits de douane de taux déterminés peuvent, dans deux pays différents, avoir des répercussions économiques tout à fait différentes. Ces droits pourraient, dans un pays qui produit lui-même en grandes quantités et dans des conditions favorables, la marchandise ainsi frappée, exercer une action prohibitive, tandis qu'ils constitueraient une protection tout à fait insuffisante dans un autre pays dont la production est à ses débuts ou doit lutter contre des conditions défavorables.

Si l'on désire conserver aux droits de douane leur fonction économique, il faut pouvoir échelonner les caractères différents des conditions économiques. La création d'un tarif uniforme pour les échanges entre pays signataires de la convention, qui aurait pour effet d'assujettir les produits provenant d'un des pays contractants à une tarification uniforme et à les frapper de droits de douane identiques dans tous les autres pays contractants, apparaît comme impossible à réaliser dans la pratique.

L'action envisagée ne saurait donc avoir pour objet que de faciliter dans la mesure du possible les échanges entre pays signataires de la convention et de réduire à cet effet dans la plus large mesure les droits de douane perçus sur ces échanges ; ceci toutefois sans porter atteinte à la faculté des Etats contractants d'établir des taux correspondant à la différence de leurs situations géographiques, au degré de leur développement économique, aux conditions favorables ou défavorables de. la production, aux différences d'imposition, de rendement des ouvriers, de salaires payés, etc.

Il faut cependant se garder de tirer, de la nécessité de tenir compte de ces conditions dans l'établissement du taux de droits conventionnels dans les différents pays, la conclusion que les différences de prix de revient devraient être reconnues comme barème servant à fixer les droits de douane applicables dans le commerce entre les pays signataires. C'est un fait bien connu que les prix de revient varient souvent beaucoup d'exploitation à exploitation dans un seul et même pays. Les différences de conditions de production naturelles (frets, main-d'œuvre, etc.) y jouent un rôle aussi important que les différences de fonds disponibles, d'installations techniques et de méthodes de fabrication des différentes exploitations. Vouloir se servir, pour fixer les droits de douane, des prix de revient des entreprises travaillant dans les conditions les plus défavorables équivaudrait souvent à sauvegarder artificiellement des entreprises arriérées d'une part, tout en accordant une protection démesurée aux entreprises mieux exploitées et produisant d'une manière plus profitable de l'autre. Si, par contre, on prenait pour point de départ les prix de revient de ces dernières, toutes les entreprises travaillant dans des conditions moins favorables ne tarderaient pas à se plaindre du traitement de défaveur dont elles seraient l'objet. Quant à une moyenne, elle donnerait à coup sûr des résultats inexacts. A ces considérations il faut encore ajouter que les différences de prix de revient et leur influence sur les ventes sont souvent compensées par d'autres circonstances, par exemple par les différences de qualité, par l'appréciation spéciale dont jouissent certaines marques, par l'existence de liens anciens avec certains marchés et par la meilleure connaissance de leurs conditions, par les facilités de crédit, etc. Il faut remarquer enfin qu'il est souvent fort difficile d'obtenir des renseignements impartiaux et libres de toutes tendances arbitraires.

Les difficultés qui s'opposent à une détermination exacte des prix de revient deviennent naturellement encore plus considérables lorsqu'il s'agit de comparer entre eux les prix de revient de deux pays différents. Des deux côtés des intérêts seront en jeu, et il sera tout aussi difficile de s'entendre sur les méthodes de calcul que sur la valeur intrinsèque des données fournies. En conséquence, et ainsi que l'expérience l'a amplement démontré, il est impossible d'arriver à établir un barème exact fondé sur les prix de revient pour la fixation des droits de douane, même dans des négociations relatives à un traité bilatéral. Il paraît impossible d'établir un pareil barème par des négociations entre plusieurs Etats. On aurait tort, cependant, de se laisser décourager par ces considérations. S'il est impossible de déterminer avec exactitude les différents prix de revient et d'en déduire un barème exact, il est néanmoins possible de constater les différences de conditions de production dans les différents pays — dans les grandes lignes — et d'en tirer des conclusions pouvant être utilement appliquées à la fixation des droits de douane conventionnels. Et si l'action collective n'avait d'autres résultats que de déterminer et de fixer les réductions auxquelles il est possible d'arriver en tenant compte de ces conditions, sans se lier à un barème déterminé, se serait déjà là pour elle un beau succès.

On ne saurait chercher dans l'établissement d'un barème, ou d'un chiffre-clef ou autre formule automatique, une garantie que les Etats contractants iront dans l'abaissement du niveau de leurs tarifs jusqu'aux dernières limites du possible ou de ce qui peut leur être demandé ; cette garantie ne peut être obtenue que par la pression réciproque exercée, les uns sur les autres, par les Etats au cours de la négociation du traité collectif. Cette pression est susceptible de faire comprendre à chacun des Etats contractants que la réalisation du désir qu'il peut avoir d'obtenir des facilités de commerce ou des réductions de taux tarifaires dépend de la bonne volonté qu'il mettra à appliquer les mêmes principes à son propre tarif et aux droits qui y sont prévus.

En parlant des limites extrêmes du possible ou de ce qui peut être exigé, nous n'avons pas seulement en vue la nécessité de tenir compte des divergences des conditions naturelles de production ; les limites imposées à l'action par ces divergences peuvent être modifiées dans une large mesure par des dispositions garantissant que les intérêts et l'existence de telles branches de l'industrie seront sauvegardés même en cas de suppression ou de réduction considérable de la protection douanière qui leur est accordée et même dans les pays où les conditions de production leur sont le moins favorables. C'est là, en premier lieu, le rôle que remplissent les accords internationaux des industries sur la réglementation de la production et des ventes. Toutefois, si des dispositions relatives à la politique douanière fondées sur de pareils accords étaient incorporées dans le traité, il y aurait lieu, comme le fait très justement observer le Comité National Français, de prévoir que ces dispositions ne resteront en vigueur qu'autant qu'existera l'accord industriel sur lequel elles sont basées.

Un autre but important que devrait atteindre le traité serait de stabiliser pour une durée assez longue le niveau des tarifs qu'il aura établis. Ainsi qu'il a été démontré par l'expérience, la *stabilité* est souvent plus importante pour le commerce que le niveau absolu des tarifs. La nature même d'un traité de cet ordre exige d'ailleurs qu'il soit conclu pour une durée assez longue, étant donné l'impossibilité de reprendre dans de brefs délais les négociations ardues, compliquées et difficiles qui doivent en précéder la conclusion.

Ce traité doit être non seulement de durée suffisamment longue, mais aussi d'élasticité suffisante. Il y aura lieu de prévoir la possibilité de procéder, dans certaines conditions et dans une certaine mesure, à une revision du traité, afin d'adapter ses dispositions aux changements de la situation ambiante ; cette revision pourrait notamment être rendue nécessaire par des mesures prises par des Etats étrangers au traité.

De même il y aura lieu, afin d'assurer au traité son plein effet, d'envisager dès le début la possibilité de son *développement* par la continuation, d'une part, de l'abaissement du niveau tarifaire obtenu par sa conclusion, et, de l'autre, par l'extension de son action sur les Etats qui auraient plus tard le désir d'y adhérer.

Il y aura lieu enfin de prendre les dispositions nécessaires pour que les négociations en vue du *renouvellement* du traité aient lieu en temps utile.

Il sera probablement nécessaire, pour préparer et effectuer les négociations relatives à la revision, au développement et au renouvellement du traité, de créer un *organisme permanent* sur le modèle de la Commission technique et consultative des Communications et du Transit ; cet organisme pourrait, en même temps, être chargé de l'examen et de la conciliation des divergences d'opinions qui pourraient résulter de l'application du traité entre les Etats contractants.

Une question d'importance primordiale est celle de savoir jusqu'à quel point les réductions de tarifs que s'accordent réciproquement les Etats contractants doivent être soumises à la *clause de la nation la plus favorisée*.

Il est évident qu'*entre Etats contractants* l'application de la clause de la nation la plus favorisée doit être faite sans limites ni conditions, sous les seules réserves des dérogations à ce principe qui pourraient avoir été consignées dans la convention elle-même. Le but poursuivi par la convention est en effet l'établissement, dans chacun des pays signataires, d'un tarif réduit dans toute la mesure du possible et applicable aux importations de tous les autres pays signataires sans exception aucune. L'application de la clause de la nation la plus favorisée entre Etats participant à la convention collective découle de l'essence même de cette convention.

Il est moins facile de résoudre cette question lorsqu'il s'agit d'*Etats qui ne participent pas à la convention*.

Ainsi qu'il a déjà été dit, il faut bien se rendre compte que l'action collective, envisagée dans le but d'arriver à une réduction de tarifs, ne saurait avoir de chances de succès que si elle s'étend à un groupe déterminé d'Etats ne dépassant probablement que très peu les limites de l'Europe, mais comprenant, il faut l'espérer, une grande partie des Etats européens. Le but poursuivi par l'action collective est de faciliter les échanges entre les Etats appartenant à ce groupe et de réduire les droits de douane perçus sur ces échanges autant que le permettent les différences de conditions économiques existant entre ces pays. Le but de la convention serait difficile à atteindre si les Etats participant à l'action collective devaient envisager la possibilité de voir des Etats étrangers à la convention réclamer, purement et simplement, en vertu de la clause de la nation la plus favorisée, l'extension en leur faveur de toutes les concessions qu'ils s'accordent réciproquement. Les répercussions économiques de ces concessions ne pourraient, dans ce cas, être prévues. Une réduction de tarif qui ne soulèverait aucune objection, à condition d'être appliquée seulement entre Etats signataires de la convention, pourrait dans certaines conditions devenir une impossibilité si, en vertu de la clause de la nation la plus favorisée, elle devait être appliquée sans distinction à tous les Etats. De plus, dans de telles conditions, toutes les compensations que s'accorderaient mutuellement les Etats contractants au moyen des réductions de leurs tarifs respectifs deviendraient illusoires.

Il faut se rendre très clairement compte qu'un traité collectif sur l'abaissement du niveau des tarifs n'est possible que s'il est bien entendu que les concessions et faveurs que les Etats contractants s'accordent mutuellement ne pourront en aucun cas être réclamées, par des Etats étrangers au traité, par application de la clause de la nation la plus favorisée.

Il y aurait lieu de se demander, il est vrai, si en écartant l'application de la clause de la nation la plus favorisée il ne faudrait pas faire une exception en faveur des Etats qui, sans vouloir adhérer au traité afin de garder la libre disposition de leur tarif et de ne s'imposer aucune obligation conventionnelle, auront néanmoins, par leur législation autonome, établi un niveau tarifaire correspondant entièrement à celui que les Etats contractants ont établi entre eux pour le commerce. Il serait injuste de priver ces Etats des avantages prévus par le traité collectif, pour cette raison de pure forme qu'ils n'ont pas formellement adhéré au traité alors que, en fait, ils remplissent toutes les conditions imposées par ledit traité à ses signataires.

Il y aurait donc peut-être lieu, en tenant compte de ce qui précède, de formuler ainsi la disposition sur la non application de la clause de la nation la plus favorisée aux avantages que s'accordent mutuellement les signataires du traité collectif : ces avantages ne pourront être réclamés par un Etat étranger au traité que lorsque et tant que cet Etat offrira aux Etats signataires des avantages équivalents en ce qui concerne les droits de douane appliqués aux importations venant desdits Etats. La question de savoir s'il en est réellement ainsi serait naturellement à résoudre par des négociations qui devraient avoir lieu entre l'Etat étranger au traité collectif et les Etats signataires. Il y aurait lieu enfin de poser le principe que, par dérogation à la clause de la nation la plus favorisée et conformément au vœu exprimé par le Comité National Français, les avantages attachés à l'existence d'accords industriels ne pourront être réclamés en vertu de ladite clause que par les Etats dont l'industrie participe à ces accords, et seulement tant que dure cette participation.

Cette dérogation à la clause de la nation la plus favorisée aurait pour résultat de soumettre les importations provenant de l'un des Etats signataires du traité collectif à un régime de faveur par rapport aux importations provenant de pays étrangers audit traité. Mais il ne sera pas contesté que ce régime de faveur, découlant de l'existence du traité collectif, peut être justifié d'une manière au moins aussi satisfaisante que les nombreuses dérogations régionales à la clause de la nation la plus favorisée que l'on trouve dans les traités de commerce conclus par différents Etats.

MÉTHODES A APPLIQUER A L'ABAISSEMENT DES TARIFS.

Jusqu'à présent, trois méthodes ont été proposées pour la réalisation de l'action collective en vue de l'abaissement du niveau des tarifs, savoir :

1) la réduction proportionnelle par pourcentages déterminés dans des délais déterminés ;

2) le tarif-plafond ;

3) les négociations collectives.

La question de la méthode à adopter doit naturellement être posée et résolue dans chaque cas particulier, que le nombre des Etats qui participent à la Convention soit élevé ou non, que cette convention influe sur l'ensemble des tarifs ou seulement sur certains groupes de produits et qu'elle vise un abaissement plus ou moins considérable du niveau tarifaire.

Nous allons essayer d'examiner dans leur ensemble les avantages et les désavantages attachés à chacune de ces méthodes.

I. RÉDUCTION PROPORTIONNELLE.

Cette méthode consiste dans l'engagement que prendraient les Etats contractants de réduire, sans distinction aucune, les taux de leurs tarifs d'un pourcentage déterminé, dans des délais également déterminés, par exemple tous les ans, jusqu'à ce que soit atteinte une limite inférieure déterminée ou que soit établie la franchise en douane.

On a fait valoir avant tout contre cette méthode le fait qu'elle laissait subsister l'écart existant entre les niveaux des tarifs des différents pays et qu'elle mettait en état d'infériorité, par rapport aux pays qui appliquent les tarifs les plus élevés, les pays dont les tarifs sont modérés. Ainsi, si l'Etat « A » perçoit sur une marchandise déterminée un droit équivalent à 100 % *ad valorem* tandis que l'Etat « B » se contente d'un droit de 10 % *ad valorem*, et s'il a été convenu que les taux tarifaires seraient abaissés de 50 % tous les ans, l'Etat « A » aurait encore, après la première réduction, un droit de douane quasi prohibitif, tandis que l'Etat « B », dont le droit modéré de 10 % *ad valorem* constituait une protection tout juste suffisante, n'aurait plus après cette réduction qu'un droit inopérant. Après la deuxième réduction de 50 %, l'Etat « A » aurait toujours un droit de 25 % très efficace comme protection, tandis que le droit perçu par l'Etat « B » se trouverait réduit à 2,5 % *ad valorem*. Après la troisième réduction de 50 %, l'Etat « A » continuerait encore à percevoir un droit de 12,5 % *ad valorem*, supérieur au droit perçu par l'Etat « B » au moment de son adhésion au traité, tandis que ce dernier ne percevrait plus qu'un droit de 1,25 % *ad valorem* équivalant tout au plus à un droit de statistique.

On pourrait encore accepter cette méthode si elle devait servir seulement à faciliter le passage à la franchise en douane complète. Mais, même dans ce cas, elle peut donner lieu pendant un certain temps à des désavantages graves pour les pays qui commenceraient l'application des réductions à des tarifs modérés.

Par contre, les résultats produits par cette méthode sont absolument inacceptables lorsqu'il est prévu que, après avoir franchi deux ou trois étapes, les réductions devront être abandonnées. Cet abandon sanctionnerait une fois pour toutes la disproportion indiquée plus haut, qui maintiendrait les tarifs de certains Etats à un niveau assez élevé tandis qu'elle annulerait pour ainsi dire les tarifs d'autres Etats.

Une troisième variété de cette méthode consiste à arrêter l'abaissement proportionnel dès qu'un taux de valeur absolue déterminé a été atteint.

Or, si ce taux absolu est le même pour tous les Etats contractants, c'est le tarif-parquet dont nous avons déjà signalé tous les désavantages.

Si, par contre, le taux auquel doit cesser l'application de la réduction proportionnelle peut être différent suivant les divers pays, une entente préalable à ce sujet devra intervenir entre les pays contractants, à la suite de négociations. Dans ce cas, l'abaissement proportionnel n'est plus la solution du problème, mais seulement une mesure de transition. Il peut naturellement être appliqué comme tel et même être combiné avec d'autres mesures ; mais, considéré en lui seul, l'abaissement proportionnel des tarifs ne semble pas susceptible de fournir une solution satisfaisante du problème.

II. LE TARIF-PLAFOND.

On désigne par l'expression figurée de « tarif-plafond » une méthode qui consiste dans l'engagement que prennent les Etats contractants de ne pas dépasser dans leurs tarifs une proportion déterminée entre les droits et la valeur des marchandises, c'est-à-dire que les Etats contractants s'engagent à ne pas relever leurs tarifs au delà de cette proportion et à rabaisser les droits déjà existants qui la dépassent.

Ce système présente incontestablement l'avantage d'une certaine élasticité. Il permet de fixer à des niveaux différents la limite supérieure des droits qui frappent des groupes de produits différents ; de tenir compte ainsi des particularités présentées par les différentes branches de la production ou de différencier les produits selon le degré de fabrication en frappant les matières premières de droits moins élevés que les produits semi-ouvrés, et les produits semi-ouvrés de droits plus faibles que les produits manufacturés. Et de même, ce système permet de tenir compte des différences entre les conditions de production et de développement économique des différents pays, et d'accorder à certains d'entre eux généralement, ou en faveur de certaines industries ayant à lutter dans des conditions particulièrement défavorables, une limite supérieure de droits plus élevée.

Le tarif-plafond permet en outre à chaque Etat de fixer comme il l'entend les taux tarifaires en deçà de la limite convenue selon les besoins de son économie nationale, et il lui donne en conséquence un certain jeu pour la négociation de traités de commerce bilatéraux.

On a fait valoir contre le tarif-plafond l'objection qu'il était difficile, sinon impossible, d'assurer que, dans l'application du traité, la limite convenue du rapport entre le taux des droits et la valeur des produits serait effectivement observée. L'évaluation des produits présenterait déjà de grosses difficultés, qui deviendraient encore plus considérables dans les cas où il s'agirait de postes mixtes comprenant des produits de nature différente ou des produits de même nature mais de qualité et de valeur très différentes.

On a fait remarquer enfin que la fixation d'une limite supérieure pourrait, pour les Etats dont les taux tarifaires avaient jusqu'alors été inférieurs à cette limite, constituer une forte tentation de relever leurs tarifs jusqu'à la limite permise.

Ces objections sont justes jusqu'à un certain point, mais il est possible d'y parer par des mesures appropriées. Nous nous permettons de nous référer à ce sujet au rapport détaillé présenté par le Comité National Autrichien de la Chambre de Commerce Internationale, en janvier 1927.

Le point le plus faible de la méthode du tarif-plafond est qu'elle semble être beaucoup moins susceptible d'avoir pour résultat un abaissement général des tarifs que d'en réduire les exagérations et d'éliminer les excès du protectionnisme, qui constituent un obstacle au succès des négociations en vue d'un abaissement général des tarifs par traités bilatéraux ou collectifs.

C'est pour cela que le tarif-plafond a été préconisé, en 1926 et en 1927, par le Comité National Autrichien. Il n'a jamais été considéré par nous comme un but en lui-même, mais seulement comme un moyen approprié pour préparer le terrain aux négociations tarifaires destinées à étudier les détails du problème. Il est évident que les Etats dont le niveau tarifaire est le plus élevé jouiraient, dans de pareilles négociations, d'un avantage immérité et qu'il y a intérêt à faire abaisser ce niveau excessif par l'établissement d'un tarif-plafond afin de rapprocher ainsi les points de départ des négociations. Le traité collectif proposé par le Comité National Autrichien ne devait pas se borner à créer un tarif-plafond, mais devait encore prévoir la combinaison de cette méthode avec celle des négociations collectives. Ce but est exposé comme suit dans les rapports précités :

« Le traité collectif ne poursuivrait donc pas le seul but de supprimer les excroissances de la politique douanière prohibitive, mais renfermerait aussi un *pactum de contrahendo* en vertu duquel tous les Etats contractants s'engageraient à entamer entre eux, dans un délai déterminé, des pourparlers pour conclure des traités bilatéraux en vue d'un fort abaissement de leurs tarifs..., ces pourparlers devraient avoir lieu collectivement ou au moins simultanément et maintenir entre eux un contact étroit. Ils auraient pour but la création d'un système de conventions tarifaires aussi large que possible entre les Etats contractants.

Le traité collectif doit donner l'impulsion première au renversement, par un effort unique et radical, des murailles douanières prohibitives, ainsi qu'au rétablissement entre les Pays contractants, sinon de la liberté du commerce, du moins d'une liberté de mouvement plus grande du commerce. Ce traité doit contribuer à créer la mentalité nécessaire pour vaincre la puissance du courant prohibitif qui domine la politique commerciale de notre époque. Les milieux économiques de tous les pays ne se sont que trop habitués à chercher uniquement leurs avantages dans une protection toujours plus grande du marché intérieur. L'établissement d'une limite supérieure ne permettrait plus de continuer dans la voie de la prohibition ; on peut ainsi espérer que ceux qui ne pourront plus profiter des avantages offerts par le monopole du marché intérieur s'appliqueront à conquérir les marchés étrangers et contri bueront ainsi à transformer la mentalité qui domine et dirige la politique commerciale. C'est en cela que réside la vraie importance du système de traité préconisé. »

III. MÉTHODE DES NÉGOCIATIONS COLLECTIVES.

La méthode des négociations collectives consiste en ce qu'un certain nombre d'Etats s'accordent pour procéder à la négociation simultanée et en commun des conventions tarifaires et pour consigner les résultats de ces négociations, soit dans une série de conventions bilatérales se rattachant les unes aux autres et conclues pour une même durée, soit dans une convention collective contenant les tarifs conventionnels que chacun des Etats contractants s'engage à appliquer à tous les autres Etats signataires de la convention.

La différence essentielle entre cette méthode et celle des négociations isolées d'Etat à Etat est d'abord qu'il n'est plus nécessaire, dans ce cas, de se réserver des concessions dont on pourrait avoir besoin pour les négociations ultérieures avec un autre Etat ou que l'on espère pouvoir utiliser plus avantageusement ; de plus, les pourparlers ont lieu en toute connaissance des exigences formulées par les autres Etats, ce qui permet de ne pas concentrer tous ses efforts sur une concession que l'on désire obtenir, lorsqu'elle a déjà été faite à un autre Etat. On peut dire que l'on y joue cartes sur table. Chacun des négociateurs connaît les exigences formulées par tous ceux qui participent au traité, ainsi que les réponses qu'elles ont provoquées. Le tarif conventionnel résultant pour chacun des Etats contractants de ces négociations ne dépend plus des hasards de négociations isolées, mais est basé d'une part sur un examen approfondi des exigences formulées par tous les participants au cours de négociations sincères, et par ailleurs, sur le système de son propre tarif et l'interdépendance de ses différents postes.

Le fait que dans ces négociations chaque Etat subit la pression exercée sur lui par tous les autres Etats, et qu'il sait, d'autre part, que les avantages qu'il peut espérer obtenir dépendent de l'attitude adoptée par lui, constitue une forte garantie pour que les négociations se poursuivent dans un esprit de conciliation et que l'on aille aussi loin que possible dans la voie des concessions réciproques.

Il serait peut-être possible d'accentuer encore cette tendance et d'assurer d'avance, jusqu'à un certain point, le succès des négociations collectives en combinant cette méthode avec celle du tarif-plafond ou de l'abaissement proportionnel ; mais cette combinaison ne saurait être considérée comme une nécessité absolue. On pourra arriver à un résultat satisfaisant même sans avoir recours à ce moyen si, tout en ne perdant jamais de vue le but final des négociations, on poursuit celles-ci dans un esprit de conciliation (s'il y a lieu), mais aussi avec toute la précision et toute la décision nécessaires.

Il existe d'ailleurs dans le passé un exemple de négociations collectives qui ont eu un grand succès.

Il s'agit des négociations qui ont précédé la conclusion des traités dits « traités Caprivi » de 1891 et de 1892. A cette époque, l'Autriche-Hongrie et l'Allemagne, après s'être mises d'accord au sujet d'un traité tarifaire très volumineux, ouvrirent des négociations collectives avec l'Italie, la Belgique et la Suisse. Le résultat de ces négociations fut un système de traités liant entre eux tous ces Etats, système qui apporta de nombreuses réductions de taux tarifaires et une stabilité qui devait durer douze ans et créa la base politico-commerciale de l'étonnant développement qu'atteignit dans cette période l'économie européenne. Cet exemple demande à être suivi. Tout comme alors le traité de commerce entre l'Allemagne et l'Autriche-Hongrie, le traité de commerce franco-allemand constitue actuellement le pivot de la politique commerciale en Europe ; ces deux Etats pourraient donc tout naturellement former le centre d'une coalition économique ayant pour but un rapprochement aussi étroit que possible entre ses membres et l'établissement de la plus grande liberté possible du commerce entre eux.

Il faut remarquer que les conditions sont actuellement beaucoup plus propices à des négociations collectives qu'avant la guerre. En 1891, on admettait seulement que deux Etats qui étaient tombés d'accord pussent négocier avec un troisième Etat ; actuellement, on n'est plus obligé de s'en tenir à des négociations à trois. Nous nous sommes habitués aux négociations collectives entre un grand nombre d'Etats ; cette forme de négociations correspond à l'esprit de notre époque et aux formes qui, non sans de profondes raisons, ont été admises dans les relations internationales.

Un sentiment nouveau de communauté commence à se faire jour : le sentiment qu'on est responsable d'une destinée économique commune à tous, au point que tout désastre qui atteint un Etat atteint inévitablement tous les autres, tandis que, d'autre part, la prospérité de chaque Etat exerce son influence favorable sur les progrès de tous les autres.

A ce développement progressif du sentiment de solidarité des Etats entre eux correspond une transformation dans les méthodes de négociation. Les négociations isolées entre différents Etats cèdent de plus en plus la place aux négociations collectives poursuivies simultanément par plusieurs Etats, soit devant la Société des Nations, soit dans des conférences auxquelles ne participe qu'un nombre restreint d'entre eux.

Nombre de questions importantes concernant la politique commerciale et le commerce international ont déjà été réglées par des conventions internationales conclues à la suite de négociations collectives.

L'action collective en vue de l'abaissement du niveau des tarifs est le premier essai qui tend à remplacer dans le domaine de la politique douanière les négociations individuelles par des négociations collectives, ou de combiner au moins ces deux méthodes en vue de la réalisation de progrès plus rapides.

RICHARD RIEDL.

COMITÉS NATIONAUX

ALLEMAGNE
Prés. : Franz von Mendelssohn.
Sec. gén. : E. Hamm, Neue Wilhelmstrasse, 9-11, Berlin, N.W.7. ("Deutschgruppe, Berlin". — Tél. : Zentrum 3565-3569).
Com. adm. : Dr. Gerhard Riedberg, 38, Cours Albert Ier, Paris 8e("Deutschgruppe,Paris 86".-Tél.:Elysées 62-56).

AMÉRIQUE (ÉTATS-UNIS D')
Prés. : Thomas W. Lamont.
Dir. : John P. Gregg, c/o Chamber of Commerce of the U.S.A., 1615, H. Street, Washington, D.C. ("Cocusa, Washington").
Com. adm. 38, Cours Albert Ier, Paris 8e ("Paramsec, Paris 86". — Tél. : Elysées 94-77).

AUSTRALIE
Prés. : Alfred Bright, C.B.E.
Sec. : P. C. Oake, c/o Chamber of Commerce, Melbourne.
Com. adm. : Owen Jones, 38, Cours Albert-Ier, Paris 8e ("Ascomerint, Paris 86". — Tél. : Élysées 62-56).

AUTRICHE
Prés. : Friedrich Tilgner.
*Sec.gén. :*S.E. Richard Riedl, Stubenring, 8-10,Vienne 1 ("Hagekammer, Vienne".— Tél. : 73500).
Com. adm. : Richard Fürth, 146, avenue Malakoff, Paris 16e (Tél. : Passy 29-22).

BELGIQUE
Prés. : Maurice Despret.
Sec. et Com. adm. : Gustave L. Gérard, 33, rue Ducale, Bruxelles ("Belginaco, Bruxelles". —Tél. : Bruxelles, 24775).

DANEMARK
Prés. : Dr. Ernst Meyer.
Sec. : M. Raffenberg, Börsen, Copenhague K.
Com. adm. : Aage Dessau, 48, rue de Paradis, Paris 10e (Tél. : Provence 38-57).

ESPAGNE
Prés. : D. Carlos Prast.
Sec. : D. Bartolomé Amengual, Casa Lonja de Mar, Barcelone (Tél. : 941).

FINLANDE
Prés. : Dr. J. K. Paasikivi.
Sec. : Dr. Edw. Järnström, Bourse, Helsingfors ("Chambre Centrale, Helsingfors").
Com. adm. : Mauno Nordberg, 11, rue de la Pépinière, Paris 8e (Tél. : Gutenberg 72-45).

FRANCE
Prés. : Etienne Clémentel.
Sec. gén. et Com. adm. : Alexandre de Lavergne 6, rue de Messine, Paris 8e (Tél. : Carnot 48-75).
Sec. gén. adj. : J. Duchénois.

GRANDE-BRETAGNE
Prés. : Sir Arthur Balfour, K.B.E., J.P.
Sec. : R. W. Hanna, 14, Queen Anne's Gate, Londres, S.W. 1. ("Ascommerce, London". — Tél. : Victoria 31-54).
Com. adm. : Owen Jones, 38, Cours Albert-Ier, Paris 8e ("Ascomerint, Paris 86". — Tél. : Élysées 62-56).

GRÈCE
Prés. : E. Charilaos.
Sec. : A. Varvayannis, 8, rue d'Amérique, Athènes.
Com. adm. :

HONGRIE
Prés. : S. E. Alexandre Popovics.
Sec. : Dr. Tibor de Gyulay, Chambre de Commerce, 6, Szemere-utca, Budapest V.
Com. adm. hon. : Louis Manheim.
Com. adm. : Georges de Lukacs, 15 rue de Berri,Paris 8e (Tél. : Elysées 37-41).

INDE
Prés. : Sir Purshotamdas Thakurdas.
Secr. : M. P. Gandhi, c/o the Federation of Indian Chamb. of Commerce, 135, Canning Street, Calcutta.

INDOCHINE
Prés. : A. Garnier.
Sec. et Com. adm. : Alexandre de Lavergne, 6, rue de Messine, Paris 8e (Tél. : Carnot 48-75).

ITALIE
Prés. : Dott. Alberto Pirelli.
Sec. : Comm. Dott. Giuseppe Dall'Oglio, 107, Via Torino, Rome (5) ("Sezital, Rome" — Tél. : 42588-42589).
Com. adm. : Cav. Dott. C. Frigerio, 12, rue Halévy, Paris 9e ("Sudameris, Frigerio, Paris." — Tél. : Louvre 51-83).

JAPON
Prés. : Junnosuke Inouye.
Sec. : Seichi Takashima, Nihon Kogio Club, Marunouchi, Tokio ("Remmei, Tokio").
Com. adm. :

LUXEMBOURG
Prés. : Aloyse Meyer.
Sec. : Albert Calmès, Arbed, avenue de la Liberté, Luxembourg.

NORVÈGE
Prés. : Morten Lind.
Sec. : Reidar Due, Börs, Oslo.
Com. adm. : Peter Krag, 45, boulevard Berthier, Paris 17e.

PAYS-BAS
Prés. : H. Rud. du Mosch.
Sec. : Dr. J. E. Claringbould, 12, van de Spiegelstraat, La Haye (Tél. : 33935-34796).
Com. adm. : Edouard Bunge, 95, rue Saint-Lazare, Paris 9e (Tél. : Central 68-75).

POLOGNE
Prés. : Boguslaw Hersé.
Sec. : St. Koçot, 2, Chmielna, Varsovie (" Polkomitet, Warszawa". — Tél. : 62-59).
Com. adm. : Charles Korytko, 20, rue de la Baume, Paris 8e (Tél. : Élysées 22-32).

ROUMANIE
Prés. : Dr. St. Cerkez.
Sec. : I. N. Jonesco, Strada Sarindar, 19, Bucarest ("Comnatron, Bucarest").
Com. adm. : A. Biano, 16, rue de Vézelay, Paris 8e (Tél. : Laborde 26-88).

SERBES-CROATES-SLOVÈNES (Royaume des)
Prés. : Dr. V. Marinkovitch.
Sec. : Dr. Stevan Popovitch, Kolarceva, 1, Belgrade ("Incomyoug, Belgrade". — Tél. : 3-93).

SUÈDE
Prés. : J. C. Edström.
Sec. : Baron W. G. Stiernstedt, 9, Västra Trädgårdsgatan, Stockholm ("Handelskammaren, Stockholm").
Com. adm. : Thor. Carlander, chez Wm. H. Muller & Cie,98,rue de la Victoire,Paris 9e (Tél.: Central 56-64).

SUISSE
Prés. : John Syz.
Sec. : O. Hulftegger, Börsenstrasse, 17, Zurich.
Com. adm. : Maurice Trembley, 61, avenue Victor-Emmanuel III, Paris 8e (Tél. : Elysées 54-94).

TCHÉCOSLOVAQUIE
Prés. : Jaroslav Preiss.
Sec. : Dr. V. Klumpar, Masarykovo Nabr. 4, Prague I ("Incomerc, Prague").
Com. adm. : Otakar Flanderka, 88, rue de la Pompe, Paris 16e (Tél. : Passy 59-99).